擺脫憂癮

林建榮 著

擺脫憂癮

作者／林建榮
總編輯／馬鎮梅
責任編輯／伍詠慈
美術設計／劉碧雲
插圖／鄺志傑
出版發行／突破出版社
香港沙田亞公角山路33號突破青年村
電話：2632 0000　傳真：2632 0388
電郵：breakthrough@breakthrough.org.hk
網址：http://www.breakthrough.org.hk
http://www.btproduct.com
承印／亨泰印刷有限公司
1998年5月初版1刷
1999年2月初版2刷
2009年10月2版1刷

Worries and Anxieties

by Lam Kin-wing
First Printing, First Edition, May 1998
Second Printing, First Edition, February 1999
First Printing, Second Edition, October 2009

ISBN 978-962-8996-68-1

承蒙 Tyndale House Foundation 贊助本書之製作及出版經費，謹此鳴謝。
Acknowledgement: The production cost of this book is sponsored by the Tyndale House Foundation.

在情緒的錯覺中

走下陰沉的梯角

才得見那片寬闊之地

而成長就在那裏開始

感覺 • 我

心 靈 關 顧

目錄

1 我將來會否……

「當我仍是一個小女孩，我問媽媽：

『媽媽、媽媽，將來我會否長得很漂亮？將來我會否很有錢？』

媽媽回答說：『女兒，將來的事，不是我們可以預知的，隨遇而安吧！』

當我長大後，開始談戀愛，我問我的愛人：『我們的前路會怎樣？明天會否像今天一樣，仍是花香滿徑？』

我的愛人回答說：『愛人，明天的事不是我們可以預知的，隨遇而安吧！』

如今我身為人母，我的孩子又問我：『媽媽，我們的將來會怎樣？我會長得英俊嗎？會很富有嗎？』

我溫柔地回答他們：『孩子，將來的事，不是我們可以預知的，隨遇而安吧！』」
（譯自 Ray Evans "*Whatever Will Be Will Be*"）

從小到大，我們都希望能預知將來發生的事，把握未來。有人因此求神問卜，盼能趨吉避凶。可惜我們往往發覺事與願違，將來的事不在我們掌握之內。面對前面的不可知，憂慮便冒出頭來。

憂慮，是面對一些未知事情引起的情緒反應，每個人都經歷過。一般人可能會憂慮貧窮困乏、衰老、孤獨終老、失去摯愛、生病或被批評，甚或在人際關係中遭到拒絕。此外，當要面對外在環境，如畢業可能失業、金融海嘯、經濟衰退、轉工、移民、H1N1 流感或疫症爆發、經濟壓力等，都容易讓人產生憂慮的情緒。

猶記得有一段日子心靈處於低谷，對未來的工作去向充滿憂慮。有一天，當我步行回家，受到憂慮情緒所困擾，帶着沉重的心情，不自覺低着頭走，那時，身旁的太太對我説：「你看！今天晚上的月色多好。」對我來説，這真是一個很好的提醒。有時候，我只會為過去可能沒有把握的機會而懊悔，或為未來我不能控制的現實去憂心，忽略了欣賞此時此刻的良辰美景，忘記了欣賞我所擁有的一切。

憂慮，對某些人來説是揮之不去的情緒，一生受其控制；但某些人則憑着勇氣，敢於面對這難纏的傢伙，不怕艱辛，排除萬難，屢敗屢戰，最後能揚起勝利的旗幟，從憂困中得到釋放。畢竟人的成長總是要離開熟悉的環境，敢於進入不可知的境地。

「不要為明天憂慮，因為明天自有明天的憂慮；

一天的難處一天當就夠了。」(《聖經・馬太福音 6:34》)

2 小心**「憂癮」**

癮有多種，包括睡覺癮、購物癮、酒癮、行街癮、上網癮等，還有一種不可不知的，就是「憂癮」。染上這種癮的人，會「先天下之憂而憂，後天下之樂而不樂」。每當面對不同的人事轉變和生活問題，都容易令他們感到心緒不寧、意志消沉、無助、困惑、不安，亦容易因環境轉變產生恐懼。

除此以外，染上「憂癮」的人，晚上會難以入睡，日間亦難以安靜，集中力減弱；時常擔心會有不幸的事情發生，但又說不出擔心些什麼。身體方面，會容易患上頸背痛、消化不良、食慾不振、四肢無力。長此下去，脾氣會變得暴躁，容易內疚，缺乏耐性面對挫折。

當然，憂慮、擔心和害怕，並不一定影響你的生命安危；但若你長期受這些情緒困擾，被它們折磨，久而久之，便容易陷於不安和惶恐中，不單影響你的精神健康，更會導致偏差行為（distorted behavior）。

哈佛醫學院一位醫生曾研究起源自非洲的巫術如何影響一個人的身心，在他的書 *The Mind-Body Effect* 中提到一個真實故事：澳洲的土著信奉巫毒教，部落的巫醫能用咒詛，使一個人生病甚至死亡。一名年輕土著計劃出外旅行，打算在途中寄宿於朋友家中，出發前部落的長輩叮囑他不要在旅途上進食野生雞，否則便會死亡。當年輕土著住進朋友家後，第一天的早上，主人以雞作為早餐來招待他，他在進食前先問主人這是否野生雞，主人的回覆是：「當然不是。」幾年後，年輕土著重遇這個朋友，朋友告訴他幾年前跟他開了一個玩笑，原來那天早餐進食的其實是一隻野生雞，年輕土著即時充滿憂慮和害怕，身體開始顫動，接着在二十四小時內死去。這個真實的個案告訴我們，憂慮如何影響我們的生活，甚至生命。

不明文的「廁所規條」

筆者在美國讀書期間，有一年因為要轉校，從西岸搬到中部居住。經過兩日半時間，終於駕車抵達目的地。到了芝加哥的校園，已是晚上十一時正。我拖着疲憊的身軀，將行李逐件搬上宿舍，然後趕緊找尋浴室洗去一身汗臭。扭開花灑，暖水徐徐灑下；五分鐘後，花灑突然流出燙熱的水，頓時令我感到頭部刺痛，趕忙關上花灑。心中有點不知所措，躊躇於「沖」還是「不沖」。再開花灑，暖水重回，在不知就裏的情況下，戰戰兢兢地完成了芝加哥的「第一浴」。

後來發現，原來宿舍浴室的設備十分落後，當別人如廁後拉水，浴室裏所有凍水都會被抽去，只剩下滾熱的水。因此，宿舍有一個不明文的「廁所規條」，各人如廁後拉水前要大叫「拉水」（flush），以提醒淋浴中的同學有所防範。第一年在學校的淋浴經歷一點也不覺得是享受，很多時都是帶着憂慮的心情踏進淋浴間；每次聽見「拉水」響聲或有人的叫聲，便會即時彈開，以避過那條赤熱的水柱。有時一次淋浴中途，要重複跳彈三、四次；久而久之，警覺性及敏銳性都相應提高，被燙的機會自然減至最低。

由此可見，當人遇到一些不可預知的情況，或面對威脅和危險時，憂慮的情緒便會出現，這現象是正常的。以我在芝加哥校園淋浴的經驗來說，那時產生的憂慮，有助我對突然而來的滾燙水柱提高警覺，免得受到傷害。但若我過分憂慮，每當進入浴室前，都感到心頭有重壓、呼吸困難、心跳加速，或頭痛和胃痛，甚至昏厥的話，這種憂慮情緒對我便有不良影響，我亦須要加以留意。

憂慮是一種警號

憂慮，是一種半信半疑、處於不安與惶恐的情緒。有時候當人面對明顯的危險或威脅時便會出現；有時候則是毫無根據，只是內心無緣無故感到不安和惶恐，但未必了解所擔心的是何事。

人人都會經歷憂慮。憂慮是一種情緒，一種警號，提醒我們內心出現了一些小毛病。不過，小小的憂慮可以成為我們成長的動力，例如考試前會加倍用功，面試前作出充分準備等。

另外，憂慮也有其他作用，父母藉擔心子女，會感覺自己是個盡責的好爸爸或好媽媽。憂慮會使一個人將自我的挫敗行為理性化，以致不用作任何改變，不用為出了問題的婚姻、學業、工作負上責任。例如，一些年青人在找尋工作時，因不斷碰壁而自暴自棄，心中充滿了「我真無用」、「再去見工亦會被拒絕」等自我挫敗的負面思想；當別人想介紹工作給他們，他們心中便擔心又再經歷失敗，於是以「這份工不適合我」、「薪金太低了」等等為由，逃避面對憂慮的處境，有些甚至成了「隱蔽青年」。

此外，憂慮引起的疾病也會令一個人獲得別人的關心和注意，甚至成為他自憐的藉口。不過憂慮情緒的出現，其實可以幫助我們認識自己，知道自己的缺乏和不足。若你否認它的存在，不敢面對，才是弱者的表現。

「人無遠慮，必有近憂」，我們很多人都曾經歷憂慮，這是生命中難以避免的，亦是十分正常的；但有些人卻時常為生活擔驚受怕，愁雲慘霧，要做個開心快樂人，對他們是登天難事。

為什麼我們會憂慮呢？因為我們都希望在不同的生活層面活得出色，所以我們會害怕失敗、害怕被別人取笑、害怕不能達到別人對我們的期望。憂慮情緒能夠驅使我們作出相應行動，但亦能窒礙我們完成這些行動。不過我們要知道，若忽略個人的憂慮狀況，就算正常的憂慮都有機會發展成非理性的憂慮。非理性的憂慮甚至會伴隨我們直至進入墳墓那天，「生於憂患」不一定「死於安樂」。「喜樂的心，乃是良藥；憂傷的靈，使骨枯乾。」(《聖經．箴言》17：22）憂慮能夠蠶食一個人喜樂的心，將其困於心靈的愁城中，別人可能並不察覺你的憂慮，有時候可能連當事人也不察覺。除非我們敢於面對它和征服它，否則它會像夢魘一樣影響我們。

事實上，憂慮情緒不會隨着時間消逝，時間反而令它更猖獗、更根深蒂固。但不用過分擔心，試想一想，當你患上傷風感冒，醫生會給你一些抗生素和咳藥水服用，囑咐你回家休息，過幾天身體便會痊愈。醫生不會保證你一生不再受傷風感冒所侵襲，但當下一次病菌再來攻擊時，你會懂得如何與醫生配合去對付它。

面對憂慮的情緒亦是如此，當一個人患有嚴重的憂慮症，沒有心理學家或輔導員可以保證，你治愈後便一生免疫，不再被憂慮情緒騷擾；但你從治療過程中會學習到如何面對它、克服它、擊退它，增強你對「憂癮」的抵抗能力。

男人與老鼠

從小到大，沒有人教導我們如何表達感受，抒發情緒。學校教育，多注重知識的灌輸，忽略心靈的培育，於是我們慣於強記公式、生字，多作理性分析，忽略表達個人感受。男士們在社會規範（social norms）的熏陶下，更容易將情緒壓抑，大多是喜怒憂慮都不形於色，這往往給人一個錯覺，以為男士沒有憂慮和恐懼。

當我在青年中心工作時，有一個月，中心突然來了一批不速之客── 老鼠家族。該段日子裏，中心同事時常都提高警覺；老鼠出現時，女同事都會爭相走避。其後大家發起「驅除老鼠，光復中心」的口號。由於中心只有我一個男同事，驅逐不速之客的偉大使命，很自然便落在我身上。經過一輪布局，幾番追逐戰，終於用老鼠膠把所有老鼠擒拿，並逐一消滅。回想整個過程，從沒有人問我是否怕老鼠，就因為我是男士，因此責任便落在我身上。

過程中，我曾經感到驚恐、擔心和憂慮，上班前即擔心今天會否有「訪客」到臨，埋首工作時又怕牠們會突然在某一角出現，當聽見有異物在假天花上閃過，便毛骨悚然。那段日子殊不好過，但憑着勇氣和決心，終於克服了心中的憂慮。不過到了現在，我仍要說一句：「我怕老鼠！」

憂慮有助你提高警覺，免受傷害。

3 憂慮由童年開始

什麼人較容易憂慮？

據我觀察，下列人士會較容易憂慮：

1. 思想極端的人

這類人處理事情時容易流於兩極化，非黑即白、對或錯、公平或不公平，缺乏彈性。他們心裏有一套度身訂做的標準，假若其他人違反了這個標準，他們便會感到很惱怒和失望，憂慮情緒亦繼之而湧現。

2. 過度追求別人認同的人

這類人在自我肯定方面常有懷疑，自信心亦低，因此經常期望從別人對自己的肯定中確認自身的存在價值。此外，他們對別人的批評亦相當敏感，當別人對他稍為拒絕時，便會令他感到焦慮和不安。

3. 完美主義者

這類人對自己要求很高，特別執著一些雞毛蒜皮的事。在他們眼中，螞蟻可看成大笨象。他們的口頭禪是：「這樣很好……但是……」他們的目光，總留意着出錯的地方。

4. 要求掌握及控制一切的人

這類人有作先知的期望，但缺乏先知的能力，凡事都想預先知道；難以預測的事，會令他們憂慮不已。他們與人相處時，往往不知不覺間想控制別人，要求別人依從他的方法行事。雖然他們的出發點沒有惡意，但會令人感到難以相處。

5. 性格敏感的人

性格愈敏感的人，愈容易憂慮。綺珊便是一個典型例子。綺珊的母親自從丈夫去世之後，便要獨力承擔家庭的擔子。綺珊的母親是個容易憂慮的人，她時常擔心生計，常在女兒面前説一些負面的感受。有時她下班回家，心情不好，便將情緒發泄在女兒們身上。綺珊從小便養成了容易憂慮的個性。當一些困境過後，她仍會反復思量那些令她憂慮的情景，什麼事都從最壞方面去想。就這樣，綺珊不斷在憂慮和內疚中打滾。

憂慮心理與童年經歷

童年經歷對我們長大後會否成為容易憂慮的人，有着重要的影響。兒童需要溫暖、安全感和父母的愛，才能健康地成長。孩子們處於被動的位置，全賴父母提供一個愛和接納的空間，讓他們在蔭庇下成長。他們的心靈就像一張白紙，父母可以在其上畫上交叉，也可以畫上圓形。成年人在他們心坎上留下的，可以是愉快的童年經驗，也可以是污漬和傷痛的烙印。謾罵、暴戾和侮辱只會在他們幼嫩的心靈裏留下永久性的陰影，這陰影將會隱藏在他們的心靈深處，一生如影隨形。使他們從小便養成容易恐懼、容易憂慮的性格。

美玲便是其中一個例子。美玲，一個容易憂慮的女孩子。在無風無浪的日子，她會擔心有不快的事情發生。又會經常憂慮自己在別人心目中的印象，和別人對她的評價。就算她的讀書成績良好或在工作上有卓越表現，她仍會感到自己做得不夠。在工作上，她會盡能力表現自己，期望獲得上司的讚賞。所以她覺得生活擔子很重，很難放鬆自己。

在美玲心裏，時常有一個權威的影子，支配她的生活。父親在美玲八歲時過身，家庭的擔子，便落在母親一人身上。從小到大，美玲都十分敬重她的母親。母親對美玲的要求很高，時常指摘美玲在各方面都未盡全力；「不夠好」這句話，伴隨着美玲成長，亦深深地刻在她的心板上。在家裏，當母親對她的行為有微言時，她會感到內疚；若母親認同她，她會獲得短暫的滿足感。美玲長大後，與別人相處，無論別人給予她什麼意見，她都會聽命遵行，為的是博取他人的讚許和認同。

筆者小時候，每當頑皮時，父母便對我說：「你要乖，否則警察叔叔便會來拉你了。」之前，我對「警察叔叔」並沒有恐懼，只知道他是專捉壞人的；但當父母告訴我，我也可能被警察捉，小小的心靈便開始對「警察叔叔」產生畏懼。以後每當我遠遠見到他們，心中的憂慮情緒便會出現，害怕他們會把我捉走。

由此可見，本來「警察叔叔」對我並沒有威脅，但當我被灌輸一個「警察叔叔」的「恐怖印象」時，我便開始對「警察叔叔」產生恐懼，以致看見警察時容易憂慮。

筆者相信，憂慮情緒主要從經驗中學習得來。當我們仍是小孩子時，關心的都是吃喝、玩樂和遊戲，哪有空理會何謂憂慮？但當人漸漸長大，從父母及其他成人身上，並從他們對待我們的態度上，開始學習及體會到憂慮情緒。若你的家庭經歷危機，受壓力煎熬，在這環境下成長的你，亦會容易產生憂慮情緒。

兩個受傷的小孩

在芝加哥的唐人街上，曾碰見一件事，至今仍印象難忘。一對夫婦帶着一個約九歲的男孩逛街，男孩偶然說了一句話，那位母親便邊罵邊掌摑他，連續數下，男孩的小面頰頓時紅了一片。男孩面帶驚惶，但沒有哭泣，在旁的父親凝視着妻子所作的，卻不干預。

另一個晚上，當我乘巴士回家時，一對夫婦坐在我旁邊，他們約兩歲的女兒坐在他們對面。那位母親疾言厲色謾罵小女孩，內容是有關小女孩的睡眠習慣。整整十五分鐘的車程中，母親重複謾罵數遍，足有十分鐘。小女孩的眼睛只瞪着窗外，身旁的父親並沒有干涉太太的行為。

培育憂慮小孩

心理學家 Baumind 研究父母教養子女的態度，發現：

權威型的家長對子女的要求和控制程度較高，較少給予溫暖和熱誠的回應，亦缺乏以尊重的態度與孩子互動。此外，他們為孩子的行為定出較高的標準和嚴謹的控制，要求孩子絕對服從，不容許他們表達不同的意見和不滿情緒。在這種管教模式下成長的孩子，行為表現會較急躁，人際關係方面對人較不友善，易與人發生衝突，疑心較重；社交能力、自信心和主動性都較弱，容易有社交憂慮。

放任型的家長對孩子的要求和控制程度較低，同時有較多溫暖和熱誠的回應。他們沒有嚴格規限和管制孩子的行為，只會無條件接受孩子的選擇。雖然他們似乎能向孩子傳遞愛和接納，卻未能規範孩子的行為。在這種管教模式下成長的孩子，行為表現較不成熟，人際關係方面較依賴別人；同時亦較易衝動和好爭吵，缺乏自信，對別人的要求亦高。有些孩子可能表現外向和有創造力，但有些則不善社交，在學校較難適應。

恩威並重型的家長對子女的要求和控制程度都高，亦會為孩子的行為訂定很高的標準和嚴格的限制；在與子女的相處和互動上，有較多溫暖和熱誠的回應，能夠以接納的態度對待孩子，並與他們保持開放的溝通。另一方面，他們會較民主，邀請孩子幫忙一同解決問題。在這種管教模式下成長的孩子，適應能力較強，具自我控制能力，較為快樂和自信；在人際關係方面對人較友善，亦較少參與破壞或反抗行為。

此外，童年的經驗對我們成長後是否容易感到憂慮，有很大影響。若果孩子在父母過度保護下成長，長大後容易養成憂慮的性格。父母個人的憂慮情緒或逃避行為，孩子亦會仿效，以致在人際關係上容易感到憂慮和顯得畏縮。若孩童在幼年被父母或其他成人虐待，這些創傷的經歷也會在他們的生命留下陰影，影響他們長大後容易產生憂慮情緒。

童年的安全感

心理學家認為，孩童期我們通常有四種保護自己的方法，從而得到安全感來對抗憂慮。這些方法包括：

1 孩童會爭取別人的感情、取悅他人，以為如果別人對自己有好印象及好感，就不會傷害自己；

2 順從別人的要求，避免與人衝突。在人際關係中，一旦有任何不和諧都會使孩童感到憂慮。如孩童在關係中事事順從別人，不敢表達個人真正的感受和想法，最終會犧牲自己的權益；

3 爭取權力。孩童因憂慮和缺乏安全感，會爭取要勝過別人，以權力壓倒對方，令對方不能傷害自己；

4 行為表現退縮。因擔心不能得到別人的關愛，孩童在與別人的關係中採取逃避的態度，以保護自己不會受傷。

若小孩能夠在與父母的關係中感到信任，長大後較不易受困於憂慮情緒；但若父母忽略了孩子的情感需要，缺乏言語和行為上愛的表達，時常以負面態度對待他們；因孩子不能符合自己的標準而生氣，言語間充滿批評、挑剔、威脅，便會令孩子時常如驚弓之鳥。這種憂慮情緒會伴隨着孩子成長；長大後，當與別人的關係中被拒絕，便會有被遺棄的感覺，對人較難有安全感。

被拒絕的小孩

阿花從兩歲開始，因父母不能同時照顧幾個兒女，便被交給一位親戚照顧，間中可以回家住一兩天。她念幼稚園期間，一次回家居住的時候，因母親要到麻將館耍樂，家中沒人照顧阿花，她便帶阿花一起到麻將館。玩樂過後，母親樂而忘「花」，獨自離開。回家後，母親才發覺女兒不見了，原來阿花仍在麻將館一角乖乖地等候母親。

阿花的童年經歷令她感到自己在別人眼中可有可無，於是她以學業成績來取悅父母和老師。從小學到中學，甚至在大學她都是名列前茅；但在阿花的心深處，仍然覺得自己一無是處。阿花容易因敏感於別人的反應而感覺被拒絕，「若別人拒絕我，必定是我有問題，當別人接納我，我便會感到歡喜快樂。」她就是這樣，時常被別人左右着自己的情緒，時常感到被人牽着鼻子走，每天都活在自我否定中，有一段時間，她甚至想結束生命！

我記得小時候與其他小朋友玩遊戲，很多時會先進行一個「猜揀人」的過程。由兩個較強壯的小朋友負責猜拳選擇隊員，有時候我首先被「揀」，我便感到自己是重要的；有時候我是最後一個被「揀」，心中會感到滿不是味兒，覺得自己可有可無，有很強烈被別人拒絕的感覺。小時候若果時常被別人拒絕，特別是遭父母拒絕，長大後在人際關係中便會傾向追求別人的認同和接納，對別人的要求都唯命是從，務求叫別人高興，不過心底裏其實十分憂慮別人會拒絕自己。

很多人在關係中都害怕被拒絕，被拒絕的經驗會令一個人感到受傷害，每一次被拒絕都會加深對一段關係的憂慮。時常擔心在關係中被拒絕，令我們要討好別人，使我們容易成為「好好小姐」或「好好先生」，期望「人見人愛」，亦成了不敢表達相反意見，隨波逐流，沒有個性的人。害怕被拒絕背後可能與童年經歷有關，我們有些人背負着過去的情感包袱，在家庭和學校的經歷都會建立或拆毀我們的自尊感。一個人從小缺乏被肯定的經歷，時常經歷到被拒絕的感覺，長大後對受傷害特別敏感。

有一次我在一所商場附近看見一名約三歲的小女孩，默默地伸出一隻小手想拉媽媽的手，這個媽媽卻是邊走邊罵這個女孩，並沒有伸手拉住她。就這樣，小女孩一邊伸着手半走半跑默默跟着母親。這位母親當時可能是想懲罰女兒，但對女兒來說，母親的拒絕可能已在她的弱小心靈中埋下自我拒絕的種子。

求學經歷

除了家庭的經歷，小時候在學校的經歷亦會加深我們長大後的憂慮情緒。

當我讀小學一年級，第一天上學，第一次進入課室，覺得班主任很兇。她厲聲地告訴我們：不可這樣，不可那樣。其後，每當上班主任的課時，都會令我心生畏懼。那一年，學校是我感受到最多憂慮情緒的地方。

第一次接觸數學題目，哥哥告訴我：數學是很難的。我告訴自己，數學題目真難。升上中學，在早會第一次用英文帶領同學唱歌，說了一聲 "Good Morning" 之後，便不曉得再用英語說些什麼。早會後一位英語科老師跟我說：「以為你的英文很了得，原來這樣糟糕。」我告訴自己，我的英文很差。

當我念大專時，有一天講師邀請一位準博士生指導我們如何做研究。課堂上，一位同學發問了一道問題，準博士想了一想，回答他：「你的問題很有問題，犯了邏輯上的毛病，你想問的是……應該是……」該位發問的同學即時無言以對，班裏的同學更是鴉雀無聲。

後來我到美國求學，在一個課堂上，一位同學提出問題時，先説一句：「我的問題是一個愚蠢的問題……」教授未等她説下去，便回應道：「世上並沒有愚蠢的問題。」

在美國的大學，教授和當地的同學給香港同學的評價是：「他們十分勤力，惟堂上表現非常被動，太過沉靜。」我相信除了語言隔膜外，成長的環境亦促成了我們被動的個性。香港的學校並不鼓勵學生發問問題，當同學提出問題，都會提心吊膽，滿是憂慮。一方面擔心發問的問題是否有價值，另一方面又擔心別人對自己的評價，他們會否覺得我問的問題非常愚蠢？

又或是違反邏輯呢？在充滿批評的環境中長大的孩子，他們學會批評、責備和競爭；在缺乏鼓勵、缺少欣賞、着眼錯處的環境中長大的孩子，他們學到了憂慮。

自我標籤

在家庭中，有些父母喜歡將自己的兒女與別家的兒女作比較，每當考到不合父母期望的分數，便會有全家蒙羞的感覺，過往一些父母較常用來給予兒女「當頭棒喝」的一句話便是：「陀衰家」。讓孩子感到內疚，是父母操控子女行為的有效方法。在學校裏有些老師亦會把學生比較，當中以比較學業成績居多；而同輩間的競爭亦使我們從小以成績表現來衡量自己是否有價值。

小時候很多第一次經驗，對我們長大後有很大的影響。「自我挫敗」（self-defeating）的說話習慣，很多時都是孩提時被別人標籤開始，這些標籤，有時候會令你像着了魔一樣，伴隨你一起成長。事實上，從小到大，我們不自覺的、無可選擇地接收了不少負面的話，這些話削弱了我們長大後的自信心，例如：「我沒有音樂細胞」、「我不行」、「我真的很蠢」、「我記性不好」等等。「因為他心怎樣思量，他為人就是怎樣。」（《聖經・箴言》23：7）時常對自己說一些負面話的人，容易成為一個缺乏自信的人。容易憂慮的人往往缺乏自信，時常感到自己一無是處；每當經歷挫折和失敗，便倍感憂慮。可是，當你愈覺得自己不足，便愈影響你的表現。缺乏自信的人，腦袋時常充塞着一些負面聲音，每當遇到困難，這些聲音都會縈繞心頭。你若要戰勝憂慮，便要立定心志，對付這些消極的聲音。

其它經歷

一些過去的負面經驗可能是導致你憂慮的原因。例如：你曾於游泳時遇溺，以後每當你看見泳池，便會聯想起那次恐怖的經歷，心中隨之出現憂慮的情緒。此外，生活或環境上的轉變，如移民、組織新家庭、失業等，都會令人產生憂慮情緒。

童年的經驗會影響我們成長後成為容易憂慮的人。

社交憂慮

試想一想，以下情況會否令你感到憂慮？

3—非常多　　2—很多

1—間中　　0—很少

	感到憂慮	刻意逃避
1 在公眾地方使用公共電話	□	□
2 參加團體活動	□	□
3 在公眾地方吃喝	□	□
4 與權威人士傾談	□	□
5 參與公開表演或發表演說	□	□
6 參加聯歡活動	□	□
7 當你工作 / 寫作 / 閱讀時，有人站在旁邊看着你	□	□
8 打電話給一個你不熟悉的人	□	□
9 主動與陌生人傾談	□	□
10 會見陌生人	□	□
11 使用公共廁所	□	□

	感到憂慮	刻意逃避
12 到一處擠滿人的地方	□	□
13 當所有人的注意力都集中在你身上	□	□
14 在會議上發表意見	□	□
15 參加公開考試或工作評核試	□	□
16 在會議中提出反對意見	□	□
17 看着一個你不熟悉的人	□	□
18 向一組人作口頭報告	□	□
19 接送朋友	□	□
20 把損壞的貨品退回商店	□	□
21 籌辦活動	□	□
22 街上有人死纏爛打向你兜售貨品，你想拒絕他	□	□

計分方法：

憂慮程度＋逃避程度＝社交憂慮總分

若你的總分超過 35 分，表示你有社交憂慮的傾向。

在社交關係中容易感到憂慮的人，往往為着可否給人一個良好印象而擔憂；説穿了，都是擔心別人如何評價自己。儀容整潔、説話得體、適當的社交禮儀，能夠幫助我們與別人建立關係；可是，當一個人太在意別人如何看待自己，以致只顧做一些討好別人的行為，又會給人一種虛偽的感覺。社交憂慮形成的其中一個原因，是當一個人期望給予別人良好的印象，但又懷疑是否可以做得到，便會憂慮起來。

擔心失敗害怕成功

我記得中學階段，當老師在課堂上向同學發問時，我雖然知道答案，但很多時都會猶疑去舉手回答，因為我擔心自己可能會錯。之後我會責備自己，我是知道答案的，但我害怕作了錯的決定。這種行為反映我缺乏自信，其實是害怕失敗。

我曾經遇上一些學生，十分抗拒我在課堂上公開稱讚他們，當中兩位學生曾告訴我，他們不喜歡被別人注意；當我稱讚他們時，他們會感覺所有目光頓時好像投射到他們身上，感到渾身不自在。

害怕被拒絕

在關係中被拒絕會令人感到受傷害，我們很多人都害怕被拒絕，擔心被傷害、自己犯錯、被別人看見自己的不完美，自覺是個失敗的人，甚至不知何時開始不敢面對各種挑戰，為自己辯解：「我不能夠……」、「我不懂得……」，行為上變得畏縮。容易憂慮的人，腦海裏時常重複播放一套影片，內容是過往曾經遇上的尷尬、被拒絕、失敗、受傷和失望的經歷。這些片段的主題是：我很害怕這些經歷會再次出現。

擔心在關係中被拒絕的人，心中其實渴望與別人親近，但又因害怕不被愛和尊重，因而選擇以隱蔽來逃避與別人建立關係，不想再讓別人認識自己，與別人疏離，背後是低自我形象在作祟。當一個人時常批評自己，容易感到自我挫敗，在與人交往中較容易憂慮受別人批評。在輔導室接觸過一些朋友，一方面他們渴望獲得友誼，但另一方面在與別人相處中，害怕表達自己。因為害怕受傷，害怕不被接納，因此出現了想接近又想逃避（approach and avoid）的行為。John Powell 在《為什麼我不敢告訴你我是誰》（*Why Am I Afraid to Tell You Who I Am*）一書中便提到：「我不敢告訴你我是誰，因為你未必會喜歡這個我，而這是我的所有。」

畏懼權威

在社交憂慮中，其中一種是面對權威人士時的憂慮。偉基在公司擔任行政人員，最近升職，攀上決策層。以前的職位，主要與同事交往；但轉職後，卻要定時向上司提交報告。每當要面見上司，偉基都會感到很大壓力，腦袋裏不斷出現上司如何針對他的表現，及如何挑剔他錯處的影像。

與他傾談後，發覺他不但在面見上司時出現這些問題；當他要致電上司，他都會感到憂慮。與上司傾談時，更變得拙口笨舌。偉基本來是一個表達能力頗強的人，可是每當他擔心自己在上司面前的表現，就會張口結舌。

這情況也可追溯到童年的經驗，以波兒為例，她年幼時若犯了錯，母親很多時候會整天，甚至兩三天不與她説話，弱小的波兒十分害怕母親冷落自己，時常都痛哭哀求媽媽擁抱和理睬她。長大後波兒每當遇上權威人物，例如：上司對她冷眼看待，她就會充滿憂慮和不知所措，有時候會覺得上司對她的態度就和媽媽對她的態度一樣，覺得上司看不起她，令她感到受屈辱。

5 還有更多**可怕**的——

有些人的憂慮是擔心生活失控。當我們突然失去所看重、所珍貴的權力、聲譽，所喜愛的人、工作、地位和金錢，我們會感到前路充滿不確定，看見過往似受我們掌控的一切，似乎不再受控，憂慮之情油然而生。

在美國念書時，有幾年生活在冰天雪地之中，當時以為自己已掌握在冰雪上行走的技巧，不容易滑倒。但一天黃昏，當我到機場接一位同學回校，步行回宿舍途中，突然踏在一塊滑冰上，整個人即時被拋起，右手手肘落地時聽到手臂骨頭斷裂的聲音。頃刻間，身體的失控和骨折的痛楚令我充滿恐懼和憂慮。

我們大部分人都希望能夠掌控生活，當生活上的人和事不在我們的預計中，便容易感到憂慮。生活的壓力有時來自我們是否能夠掌控生活中的人和事，例如金融海嘯就令很多人被殺個措手不及，憂慮會否被裁員或減薪，以致寢食難安。

許多時我們都嘗試控制身邊很多事情，時常要確保事情按照自己所希望的或所認為「對」的方式進行。當「一切盡在掌控」時，心理上便覺得安全，亦不會出現憂慮情緒；若事或人不受控制，便會感到不安和緊張。一個時常憂慮被人或事操控的人總擔心會有什麼不好的事情發生，以致平日與人相處時處處防衛，時常「預計」着不好的事情會出現，對別人的片言隻語出現過敏反應。

其實我們可以控制什麼呢？或者我們要學會接納有些事情和際遇，或別人所想所做，有時候並不是我們所能控制的，我們是否願意放手？釋放自己，不要再在不受控制的事情上消耗額外的精力。

完美主義和憂慮情緒

完美主義和憂慮情緒是息息相關的：淑芬是中學教師，工作上對自己要求很高。最近她擔任班主任，感覺壓力很大；每當其他老師投訴她的學生，她都會感到十分內疚，覺得自己失職，不適合做班主任。與朋友的關係上，淑芬很多時都會主動關心和幫助朋友；但有時因過分關心，令對方有壓迫感，逃避和她碰面。於是每當朋友表現出拒絕的姿態，淑芬都會感到很大傷害，情緒亦變得低落。

自小淑芬便容易擔心這、擔心那，亦時常害怕自己犯錯，促成她容易緊張的性格。從小到大，淑芬的母親都喜歡將她和親戚朋友的兒女比較，亦常在淑芬面前稱讚其他孩子。淑芬心中充滿不忿，時常督促自己要努力做到最好；在學校讀書考試，淑芬都要求自己有好表現。在她心裏，其實最想得到的，是母親的讚賞。

完美主義者對自己的要求很高，有時甚至超出他們的能力。在處理事情及人際關係上，傾向以對或錯、黑或白來判斷事物，腦海中時常充斥着一些「應該」和「不應該」的字眼。他們對「錯處」特別敏感，發現一隻蒼蠅，他們會看成是恐龍危機，容易自責和內疚。以淑芬為例，當她感覺別人有點害怕接近她時，她便變得畏縮，亦開始懷疑自己的價值。

完美主義者因為特別留意自己做得不夠好的地方，容易變得憂心忡忡，對別人的批評或意見都會十分敏感，容易產生焦慮情緒。其實我們可試想一想，事情是否必須做到最好或做得更好？還是做得夠好已可接受呢？最近聽到一位會考九優一良的學生對自己不能考獲十優感到失望。相信對其他許多學生來説，這位同學已經做得夠好了。永無休止的追求完美，表示你想事情全然受你控制，結果只會令你時常活在不滿足和憂慮中。

你是否一個完美主義者呢？其實我們身處的世界本來就不完美，如果我們事事講求完美，一點點的瑕疵都不能接受，那麼我們便會時常活在挫敗感之中。記得中學上美術課時，老師常叫我們畫一些圖案，每當徒手畫圓形時，我不時畫了又改，總感到畫得不夠圓。後來老師告訴我們，她要求的並不是一個均衡完美的圓，任何樣子的圓形皆可以。這件事令我發現，我們往往擔心別人如何看待自己，但其實沒有人要求我們達至完美境界。「月有陰晴圓缺，此事古難全」，放過自己吧！

害怕孤獨

有一次，我在銀行自動櫃員機提款，一位柱着拐杖的老婆婆，在我旁邊好奇地觀看我提款的過程。當我提款完畢，她向我請教有關的操作，然後我與她傾談了一會兒。老婆婆今年已八十多歲，她所有家人都留在鄉間。我並沒有問她倚靠什麼維生，但我感受到一份強烈的孤單感，從老婆婆心底散發出來。原來她擔心自己的身體狀況日差，將來沒有人照顧自己。她只希望能找着一個人，願意停下來與她傾談。當一個人孤寂時，是很容易產生憂慮的。

在輔導室第一次接觸健，感覺他並不喜歡説話，亦察覺他不善於表達自己。他來尋求輔導，是擔心年老時沒有朋友，孤單終老。傾談之下，發覺他的社交圈子十分狹窄，家中只有爸爸和他相依為命。平日放工後，健獨自逛街、看電影，工作上與同事間的關係流於表面，未能交心。健害怕主動接觸別人時，會被對方拒絕。

其後，健嘗試參與一些社區中心的義務工作，藉此結識多些朋友；他亦報讀一些學習如何與別人溝通及自我認識的課程。他的生活，較以前豐富不少，看電影亦不再是形單影隻。

由此可見，孤單感會使人對將來產生憂慮。從前的健，不懂與人溝通，不知不覺在自己與別人之間築起圍牆，自困愁城。不過積壓的憂慮，驅使他重新檢視自己，突破自己的限制。憂慮間接成為他自我成長的助力。

罪咎與憂慮

小時候最喜愛的節日是農曆新年，因為有「利是」，又有很多巧克力吃。有一年農曆新年，母親吩咐我們不可打開親戚拜年時送來的糖果，因為她打算以此作為賀年時的手信。饞嘴的我，趁家中無人，偷偷拆開一盒糖果的花紙，發現是我至愛的朱古力蛋；便將封着盒邊的膠紙小心翼翼地撕開，打開盒蓋，肆無忌憚地吞噬裏面的朱古力蛋。完事後，再小心地封回原有的花紙及膠紙，以為神不知鬼不覺。吃時滋味，但事後心裏感到很大的恐懼和憂慮，害怕母親發覺後會加以懲罰。回想起來，當時的憂慮，其實是做錯事的後果。

認知情緒行為學派的創始人Albert Ellis認為「罪咎感」是令人出現心理問題的其中一個主因。

我認為「罪咎感」能令一個人的內心充斥憂慮，我曾經遇過一名青年人，他因欺騙了朋友的金錢而心感內疚，不敢走進朋友居住的地區；每當在附近經過，他心中都會充滿憂慮，害怕遇上曾經被他欺騙的朋友，他感到不能面對他們。

當生活上的人和事在預計以外，會容易憂慮。

解憂之困

對抗自我挫敗的思想

我們如何思想，影響我們成為一個怎樣的人。要擺脱憂慮的困擾，先要覺察我們的思想。我們面對困境時容易受慣性思想影響，專注於被拒絕和受傷的感受，容易顧影自憐。如果我們認定自己不好看，認為別人不會喜歡自己，想像別人嘲笑批評，背後說自己壞話，每當你想到又要接觸這些人時，便容易出現憂慮情緒。留意你每天的思考方式，看看是否有自我挫敗的模式出現。

容易憂慮的人，傾向下列的思想模式：

1. 非黑即白思想（dichotomous thinking）

這類思想模式的人，對事物只存有對或錯的觀念，非黑即白，完美主義者可說是表表者；此外，一些自我形象低落的人，也容易以黑白思想來判斷自己的表現，當達不到別人的要求時，便會認為自己是個完全沒有價值的人，是個失敗者。

2. 過度推論（overgeneralization）

我曾經與一位朋友駕車從香港到九龍，途經東區海底隧道。當時隧道相當擠塞，我的朋友感到不耐煩，於是說：「以後駕車都不要經東區海底隧道。」這便是過度推論，憑藉一次經驗，妄下結論，一竹篙打一船人。這種思想方式，將一次負面或失敗的經驗無限擴張。

3. 亂扣帽子（labeling）

這種方式是將一個人「某一次」行為簡化成「一種」行為，例如當一個人向你分享他最近擔心和憂慮的事，你便認為他是個「軟弱」的人；當一個人心血來潮在街邊買一串魚蛋，你便認為他「貪吃」。

4. 個人化（personalization）

這種思想方式的人，容易將一些不幸事情的發生，歸咎為一己的責任，更會心存罪咎感。這類人容易自責和給自己「扣帽子」，發生任何「壞」事情都會胡亂和自己扯上關係，說：「都是我不好，若我不是這樣子，這件事便不會發生……」

5. 倚靠猜測（mind reading）

一天志偉回公司時，遠遠看見上司，正想上前向他打招呼，但上司若無其事從他身邊擦過。

其後志偉滿腔焦慮，左思右想，猜測上司為何會這樣，臆測上司必定對他有所不滿，蹉跎了大半天。原來上司當天忘記戴隱形眼鏡，而且當時亦正為公司一個計劃費神，因此未有留意志偉。志偉當初的臆斷，是純粹的假設，並沒有根據，卻白白焦慮了大半天。

6. 以別人的意見為依歸（other-centered）

淑嫻學習一級鋼琴時，給一位只有二級鋼琴程度的朋友批評，指她的節奏感很差，聽音亦弱，斷定她不適合學習鋼琴。經過這件事，淑嫻對自己説：「也許我要停止學習鋼琴。」這樣思想的人，害怕權威，容易舉棋不定，面對多個選擇時，會頓感不知所措。

趕走負面話

我們的非理性思考，容易使我們受制於憂慮。不過，生命的精彩之處在於我們可以選擇，若你選擇以受害者的心態過活，內心不斷充斥着這些非理性説話，在面對憂慮處境時便容易感到無助。在你內心，是否經常帶着受害者心態，時常迴響着：

「我不能夠！」
「我永遠做不到！」
「我真無用！」
「我真蠢！」
「這麼簡單的事也做不來。」
「為何我永遠都是這樣？」

若果你知道是這些話在影響你，告訴它們：

「你們不能再左右我，滾開吧！」

抖擻精神，把注意力集中在自己的能力和長處上，多點鼓勵自己。「人必先自侮然後人侮之」。自我價值可不是別人給予你的！

個人反思

你可以嘗試找一處安靜地方坐下，完成以下練習：

1 想一想，最近有哪一次經歷令你感到很大憂慮？把它寫下來。

2 在這件事發生前後，你對自己說了一些什麼話？

3 在這些話中，有哪一些屬於「自我挫敗」的自我對談（self-talk）？哪一些是非黑即白、非理性的說話？試一試從另一角度，寫下一些積極和鼓勵自己的話。

4 列出你覺得可以減少這次憂慮情緒的方法和選擇。

5 花一點時間，想像你處身同一個令你感到憂慮的環境中，嘗試用你寫下的積極話和想出的方法，應用在這次經歷中。當你選擇正面處理問題時，感覺有何不同？

克服面對羣眾的憂慮

在我的教學歷程中，曾接觸過不少學生，他們對於要向班中同學表達自己的意見，都有很大憂慮。他們告訴我，以前在中小學課堂上要乖乖地坐着，被動地聽書，與老師缺乏溝通和互動。因此，當我在課堂上要求他們表達意見，分組討論並彙報結果時，有些同學便感到憂慮。我明白過往缺乏公開演說的經驗，突然要在眾人面前表達自己，必定會感到恐懼和憂慮。但是，我亦提醒學生們，現今的工作世界，很多時要求你表達自己，在不同的工作崗位上，有時亦須要作不同形式的彙報；能夠克服在眾人面前講說的憂慮，相信對將來就業必定有幫助。畢竟沒有人天生懂得在公眾面前演講，這些技巧大都是後天學習得來的。

「在一個早春時分，有一隻百靈鳥，牠帶着三個兒女，到另一處地方，築了一個巢……」

這是我小學四年級參加學校故事演講比賽的故事開端，亦是我人生中第一次在眾人面前作公開演講。猶記得當時嘴巴在講故事，雙腳則不停顫動，幸好當時站在高高的台上，不為觀眾察覺。

大學時期，為了克服在公開場合說英語的恐懼，我特意選了一科「公開演說技巧」課，當時全班只有我一個中國學生，每次上課同學都要輪流在班上作一次英語短講。最初兩個月上課時，我都會憂心忡忡，後來多主動請教老師，亦在上課前多作準備，慢慢克服了內心的恐懼。不過每次上課時，都要與憂慮情緒競賽，互有輸贏。

唱好我的歌

我曾經和我的古典結他老師閒聊，我問他：「你有多年的演出經驗，每次出場前仍會害怕嗎？」他坦誠告訴我，每次都會感到害怕；但現在懂得如何控制自己的情緒，來到台前便專心彈奏，一切憂慮及恐懼都拋諸腦後。

一位歌藝十分精湛的美國著名歌手，她在台上能將每一首歌都發揮得淋漓盡致，然而很多人都不知道她背後的故事。原來她曾經有二十七年時間，不敢在公開場合演唱，因為她擔心在台上會忘記歌詞，亦害怕觀眾不喜歡自己，擔心一次演出失準會影響觀眾對她的整體印象。

幾經掙扎，她克服了憂慮和害怕，她說：「現在我可以接受沒有人是完全的，每個人都有或多或少的瑕疵和弱點，重要的是我知道我是誰，我接納自己可以出錯，亦知道當我站在台上時，我惟一要做的是專心唱好我的歌。」因此，當你下一次要在眾人面前作任何形式的演說而又感到憂慮時，嘗試先安靜下來，作數下深呼吸，跟着抖擻精神，拿出勇氣站在眾人前，面向他們，釋然地表達你個人所思所想所感。

自我對談

這位美國歌手，她就是採用了前述的「自我對談」技巧，幫助自己克服出場時的恐懼。從前，每當出場時，她很容易把思想集中在自己可能出錯的地方，亦很着意觀眾的負面反應；透過「自我對談」，她轉而集中思想個人的能力，亦開始對自己充滿信心。你也可以學習「自我對談」，將消極的話（以前已說了很多遍）丟掉，不要再對自己說：

「我真蠢！」
「唉！沒有人會喜歡我！」
「我又做錯了，我永遠都做不來。」

試試換上一些積極的聲音：

「這樣不可行，可嘗試另一種方法。」
「我會再接再厲，下次我要有充分準備。」

記得當初我學習結他，遇到一些艱難的樂章，我彈奏多次仍彈不好時，我會感到挫敗，於是對老師說：「我做不到！」老師即時的回應是：「不是做不到，只是未做得好。」嬰兒學走路，都要先跌許多次，每次他們都會爬起來、再嘗試。因此，請拿出勇氣，抖擻精神，失敗後再嘗試。若你不放棄自己，不斷努力嘗試，說不定將來的英雄榜上也有你的名字。

你是否接納自己？

多年前許冠傑有一首歌《印象》，在當時相當流行。歌詞有云：「誰令我當晚舉止失常，難自禁望君你能見諒……令我萬千猜想分不清去向，留下了這個深刻印象。」

由孩提時期到成年階段，我們在社會化（socialization）的過程中成長，不自覺特別留意或關心別人如何看待自己，期望給人一個好印象。

第一次約會，會擔心自己在男朋友或女朋友面前的表現，大家都期望給對方留下一個深刻而美好的印象。第一次面試，我們會穿着整齊的衣裝，期望給予對方一個好印象，以增加獲取錄的機會。第一次見未來外母，更是滿懷恐懼，擔心對方是否接納自己。

你若不能與自己和好，作自己的朋友，便無法享受與人和好的快樂。很多人不喜歡自己，討厭自己的長相，感到自己很卑賤，總以為沒有人會喜歡自己。如果我們因為曾經受到冷落和排擠，因而認定自己不好，認為別人不會喜歡自己；如果你想像別人嘲笑批評你，背後說你壞話；那麼，每當你想到又要接觸這些人時，你便容易出現憂慮情緒。

小時候在工廠做暑期工，伴隨着我度過枯燥的工作是一部收音機。每天中午十二時正，電台都播放一個名叫《幸福玻璃球》的節目，開場白的內容大概是：「幸福，就像一個玻璃球，有人不小心將它打破，碎片散布地上，其他人爭相去拾這些碎片，有人拾得多一些，有人拾得少一點，沒有人一塊也拾不到。」其實，我們各人都擁有不同的能力，有人這方面有能力多一些，有人那方面能力差一點，重要的是我們如何善用和發揮所能。不需要和別人作比較，亦不用為給別人好印象而弄虛作假。若有人因某些緣故而嘲笑你或鄙視你，不要以為一定是自己有錯，這亦可能反映出對方缺乏自信，連自己都不接納。嘗試多接觸一些滿有喜樂、少批評的人，所謂生命影響生命，對自我肯定必定有幫助。

要記着，沒有人凡事皆能，總有人在某方面較你優勝；若可以互相欣賞和補足，憂慮情緒將會大大降低。若能認定個人的長處、能力和限制，嘗試接納自己，相信要克服憂慮，甚至社交憂慮亦指日可待。吃不到的葡萄可以是甜的，而且雖然我沒有葡萄，但我還有芒果和龍眼。

被拒絕不可怕

當你害怕被拒絕，請記着：被人拒絕並不代表你沒有價值，沒有人有權利和能力去判斷你是否有價值，不要讓別人的負面反應決定你的價值。*Feeling Good* 一書的作者 David Burns 曾說：「被人認同和接納會令你感覺美好，這是正常和健康的；而別人的不認同和拒絕令你感到失望和受傷，亦無可厚非，這表示我們是一個有血有肉的人。但若你以被別人認同或否定作為自己是否有價值的量度標準，你便會墮進一個旋渦中。」

卑微的自我

前文提過的偉基，成長於一個女性主導的家庭，父親沉默寡言，家中事無大小都由母親作主。偉基在五兄弟姊妹中排行第三，母親最疼錫大哥和幼妹，他感到自己備受忽略。因此偉基從小便要求自己，在學業上比其他兄弟姊妹優勝，以獲得母親的垂青。可惜母親對偉基的表現，始終反應冷淡，又經常對他冷嘲熱諷。面對母親，偉基感到自己十分卑微，長大後變得缺乏自信，對別人的讚賞亦很懷疑。在偉基心目中，母親是個權威人物；母親責備的聲音時常在內心響起，令他感到慚愧和內疚。

偉基很不願意長此在抑鬱和充滿憂慮的陰影下生活，他開始勇敢面對自己的問題。

透過輔導員的幫助，他學習聆聽內心的聲音，分辨負面的情緒，學習停止對自己説一些負面的説話。同時，偉基亦學習在打電話給上司前，腦海裏預先綵排一次，給予自己正面的鼓勵。現在，偉基在面見上司時仍感到壓力，但不同的是，他已不再被動地為憂慮所控制，能夠主動勝過憂慮。

對不起，我錯了！

敢於承擔責任、敢於認錯、敢於原諒，是對付源於罪咎感的憂慮的積極方法。可是在日常生活中，我們往往容易互相指摘，互相推卸責任，各不相讓。

當我在美國買汽車保險時，保險公司給我一張備忘錄，其中一條是：「當你的車子與別人的車子碰撞，縱然你知道是你的錯，也不要承認。」但我想，說一聲「對不起，我錯了！」是否真的很難呢？

我有兩位教會朋友，阿超和阿邦，他們相識多年。有一段時間，他們因在教會的事務上意見不合，反目相向。阿超視阿邦為陌路人，每個星期在教會碰頭，連招呼一聲也沒有。

阿邦是個不太懂得表達個人感受的人，他多次嘗試向阿超解釋，但對方都拒絕接納。阿邦心裏甚是難受，有時參與教會聚會或小組，都因阿超的出現而感到難堪；漸漸的，他每當在教會一想到阿超，心中便會出現憂慮的情緒。

在一次教會舉辦的夏令會中，講員在講道中提及「彼此饒恕」，並在講道後提出弟兄姊妹要彼此認錯。阿邦第一個站出來，公開向在場的阿超說：「對不起，請你原諒我，我希望可以與你重拾友誼，我十分珍惜與你的一份友情。」阿超即時從座位中跑出來，與阿邦相擁而哭。說一聲：「對不起，我錯了。」

「對不起！」對很多人來說是一句很難開口的話，特別對一些擁有權位的人來說便更難。可是，與其逃避面對彼此間的嫌隙，不如敢於面對，尋求復和之道，以愛和包容驅散憂慮。

在輔導工作中，我曾經接觸過不同年齡的人，當中有男有女，他們有不少人在成長中經歷被家人忽略、身體上的虐待、言語上的虐待，致使他們否定自我；那種受委屈和羞辱的感覺，伴隨他們一起成長，使他們在人際交往上充斥着憂慮情緒，在一些人的心深處，其實期待着父親或母親能夠對他們說一聲：「孩子，對不起！我曾經傷害你！」

找尋聆聽者、同行者

這幾年出現了一個現象，是在職貧窮的數字不斷攀升。社會中一些弱勢社羣，面對在職貧窮，面對制度對他們的剝削，有時候只能啞忍。在經濟低迷的環境下，他們最感憂慮的是飯碗不保，在這羣鬥士中，有一批是在工廠工作的。

廿來歲的小美一臉徬徨走到勞工團體求助，詢問有關開工不足導致被遣散的勞工法例。職員向她解釋法例，小美知道自己的權益後，便喜憂參半地離去。其後，小美的工友蘭姐及善姨，亦到該勞工團體求助。小美、蘭姐和善姨多年來在同一工廠工作，面對開工不足，手停口停，大家都顯得憂心忡忡，不單憂慮今天的生計，更擔心明天的生活。家中若有孩子，經濟上更緊張。他們最大的憂慮，是究竟要在這種困難中熬到什麼時候？如果辭工不幹，她們又擔心是否能再找到另一份工作。她們就這樣懷着憂慮度日如年。

團結就是力量

後來，勞工組織派人將工友們聚集一起，討論開工不足的問題。席間工友們透露個人的掙扎和憂慮，發現大家都經歷和面對相同的憂慮，同坐一條船。他們知道面對困境的並非自己一人，心裏的力量忽然增加了。接下來的日子，她們常常聚集，討論解決困境的方法。經過幾番談判，她們終於成功向老闆爭取基本的遣散賠償，一起走過困境中的第一個關口。過程中工友們運用團結的力量，合力解開各人心裏的一個結，減輕了心底的憂慮。

獨力奮鬥有時

稍作喘息，各人便要獨自面對另一個關口——尋找新生活。幹了多年工廠，只有小學或初中學歷，四處奔走也不容易找到一份合適的工作。有些惟有待在家中照顧孩子，過着經濟緊縮的生活；有些僥倖找到一份兼職，但工資卻大不如前；有些為着幫補家計，硬着頭皮去從事自己厭惡的工作。要面對不可知的前路，適應新的環境，心裏自然產生不少憂慮。小美頑強面對，白天在食肆當自己不喜歡的清潔工，晚間則在夜校修讀中學課程，以準備將來轉業。善姨則消極怕事，找過幾份工作被人拒絕後，便認定自己沒有價值，自怨自艾，怨自己命苦要過窮日子。怕吃苦的蘭姐怨天尤人，偶然找份兼職維生，遇到困難或不滿意，便辭職不幹，終日埋怨社會對她不公平。

從這羣工友的掙扎中，我們獲得了一點啟示：當我們處於困境，感到抑鬱、惆悵和憂慮，若有人能夠與我們分擔憂患，共渡艱難，克服困難的信心自然大增。但是，團結有時，獨力奮鬥有時，有些處境仍有賴個人獨力承擔。小美、蘭姐和善姨日後的遭遇，很大程度決定於她們個人對待命運的態度，有人自怨自艾，有人努力頑抗，日後的出路亦各異。

能找着一個你可以信任的人去傾訴，他或她不會對你分享的感受加以批判，能讓你不須要擔心別人的眼光或看法，讓你有所領悟。若你沒有能夠讓你傾心吐意的朋友，可以嘗試找你能夠信任的專業人士，如社工或輔導員，從中也能獲得啟迪。

一句鼓勵的話

在一齣電影《勁舞》（*Flashdance*）中，女主角出身寒微，日間任燒焊工人，晚上在音樂廳表演跳舞。她醉心舞蹈，但缺乏正統的訓練，一直以來靠自學。十八歲那年，她期望投考一個著名的芭蕾舞團，可惜該團要求投考者報上出身背景和相關的舞蹈訓練經驗，女主角即時心中一冷，考慮放棄。

掙扎過程中，她獲得一位七十多歲、曾是芭蕾舞蹈家的老人支持和鼓勵。老人向女主角說：「你一定可以做到的，你是一個很有跳舞潛質的女孩子，把握機會，不要輕言放棄。」最後女主角以自創的舞蹈考進了芭蕾舞團。

一句真誠的鼓勵説話，真如金蘋果落在銀網中那樣美。「你是一個很有潛質的人。」「你可以做到的，不要放棄。」這些話對一些在憂慮中掙扎的人來説，好像甘霖一樣珍貴。回想自己的成長過程，亦曾經歷不少令我充滿憂慮的時刻，當中最激勵我、令我印象最深刻的，是幾位老師鼓勵我的話：「你是讀書的材料，不要放棄。」「你是一個有潛質的男孩子。」老師，謝謝你們！

我們認定自己不好，不喜歡自己，無法享受社交關係中的快樂。

7 與憂慮面對面

我像往常一樣經過那條街道回家，行人路邊有一個洞，我不小心掉進洞裏，感到無助，花了很長時間，才從洞中爬出。這不是我的錯。

另一天，我經過同一條街，我不能相信自己再次掉進同一個洞，這次我仍花了很長時間才爬出這個洞。這亦不是我的錯。

另一天，我又經過同一條街，我望見那個洞，但仍再次掉進去。這像成了我的習慣，這是我的錯，但這一次我立即爬出了那個洞。

另一天，我經過同一條街，看見那個我熟悉的洞。這次我繞過它，再沒有掉進去。

另一天，我轉從另一條街回家去。
（譯自 Portia Nelson *"Five Short Chapters"*）

敢於面對憂慮

面對憂慮，身邊人給予的鼓勵和支持非常重要；但更重要的，是面對它、正視它、認識它，最後勝過它。有沒有看過一齣電影叫 *City of Joy*（喜樂之城）？故事講述一位醫生在工作中遇到挫折，感到灰心喪志，最後辭掉高薪厚職，到印度流浪，期望在旅途中獲得啟發。途中遇上一位從美國志願機構來到印度貧民窟工作的女士，從而認識了當地一羣受欺壓的窮人。這羣窮人一起設立收留痲瘋病人的地方，命名為「喜樂之城」。醫生初期以袖手旁觀的心態與這羣人相處，後來那位女士看不過眼，對他說：「面對人生的際遇，一個人可以用三種不同的態度去回應：一是逃避，一是袖手旁觀，一是全情投入，敢於面對和克服困境。」這位失意的醫生，最後從這羣被剝削、被欺壓的善良人身上，獲得啟示，與他們共渡患難，一起克服困難，重拾對生命的熱情，更自願留下來服侍他們，共建「喜樂之城」。

面對憂慮，我們亦可同樣以三種不同的態度去應付：一是逃避，但無論你走到哪裏，它仍然如影隨形地跟隨你；二是不了了之，否認它的存在，但當你再次面對環境轉變或遇到壓力時，你便知道它仍在你身邊；三是面對它、正視它、認識它，知道自己為何會憂慮，嘗試定下目標計劃，想出方法，付諸實踐，最後控制它，將它擊退。

美國前總統羅斯福在中年時因患病而傷殘，這突如其來的噩運令他的自信跌至谷底，灰心喪志，對前路充滿恐懼和憂慮，甚至想結束政治生涯。經過家人和朋友的鼓勵，他戰勝心中的恐懼，不再憂慮美國人會否因他傷殘而拒絕他；他再次重返政壇，成為美國歷史上惟一連任三屆的總統。他有一句名言：「要克服恐懼，首先要面對恐懼。」同樣地，要戰勝憂慮，首先要覺察自己的憂慮，接受自己亦會憂慮，然後面對它、征服它。

憂慮清單

有一天母親告訴我，她不曉得為何近來感到心情鬱悶，我的即時反應是：「你最近有什麼憂慮呢？」

當一個人感到心中不安，出現憂慮情緒，先不要害怕，安靜一下，感受一下，想想最近發生了什麼重要事情？最近擔心什麼？害怕什麼？有什麼人和事在煩擾自己？最近哪一個人，每當想起他時都會感到有壓力？

面對憂慮，首先要了解及認識你心中擔心些什麼。拿一張紙，將你心中感受的憂慮列出來。認清自己心裏的問題後，便嘗試找出解決方法。若你憂慮身體過重危害心臟，便要開始注意平日的飲食習慣，多做運動；若你憂慮與女朋友的關係，便要學習如何與她溝通相處，多去關心和了解她。

要處理憂慮，首先要清楚它的源頭，並留心自己的負面思想如何加速憂慮，以下練習有助你了解和控制憂慮：

1 最近有什麼人和事令你憂慮？

2 當你心中充滿憂慮時，有哪些負面説話經常在腦裏打轉？

3 反省一下你對人對事的期望，是否有很多「應該」和「一定要這樣」的規條？

4 人際關係中，哪段關係最影響你的情緒？

5 你是否憂慮別人如何評價你？你又怎樣評價自己呢？

6 你究竟為誰而活？為別人？為金錢？為名譽？為自己？你的心在哪裏，你的憂慮亦來自那裏。

做回自己

若你已慣性與憂慮共處，要接受自己需要時間去征服它，畢竟它已是你生活的一部分。此外，要學習在心理上脱離對別人的依賴，不再倚靠別人對你的認同和肯定。我們需要別人的欣賞和肯定，這是正常的；但若你為求每一個人都不批評你，不斷做一些事來取悦他人，希望每一個人都肯定你、欣賞你，現實上是不可能發生的。如果被人批評，便要檢討一下自己。視每次失敗為另一次邀請，邀請你再嘗試。有時候可能是你做得太好，招惹對方妒忌，想將你打壓和貶抑，因此倒不如放自己一馬，釋然地讓自己能夠更享受生活。

克服憂慮，取決於我們對自己和對生命的信念，當我們以消極的態度面對，容易自怨自艾，心中充滿挫敗，負面思想只會令我們心靈癱瘓。但若我們能夠以積極態度來面對憂慮，心中存着盼望，便敢於冒險向前踏出一步。

盼望並非是盲目的，反而是以樂觀的態度面對前路的不可知，一個帶着盼望生活的人能夠認識自己的掙扎和生活中的困難，但他或她看到的是機會和選擇，不會只活在過去和明天，而是能夠活在當下，不再常為明天憂慮。縱然今天處於困境，一個活得有盼望的人，不會只沉浸於過去所失去的機會；知道過去的無法挽回，學習放手，告別過去，反能數算過去曾經得着和現在所擁有的一切。雖然前路充滿憂慮，仍要學習接納，並且敢於冒險，對生命說「是」，對憂慮說「不」。

愛你所選的

在電影《禮儀師之奏鳴曲》中，主角原本是大提琴手，後來發現自己不能在音樂方面發展並有所作為，最後決定回鄉。因緣際會下，成為專業納棺師，替死者遺體沐浴、抹身、更衣及化妝，再納入棺木內。

當初擔任大提琴手受人欣羨，但他發覺那並不是自己真正喜歡的事業，在決定放棄前充滿憂慮，感到前路茫茫，又擔心可能失去來自別人欣羨目光的滿足感。納棺師是一份被人厭惡、看不起的工作，主角初期曾經因抵受不住人家的白眼和擔心太太的不體諒而想放棄。他一直隱瞞着太太，每天都擔心被太太揭穿。但當被太太發現，主角反倒感覺釋然，因他找着自己的人生位置，不再憂慮別人的白眼，繼續堅持自己的抉擇。當他發覺自己的工作能給死者家人帶來安慰，便從中尋獲工作的意義，不再介意別人的目光，最後他還親自替從小遺棄他的爸爸納棺。

堅持自己所作的選擇，未必會得到旁人的讚許，只是不要太在乎別人的想法，也不要花太多時間煩惱別人對自己的看法；一些人隨口給予你的批評，有時候可能因為他們從支配別人中得到滿足，很多時他們未必了解你正在經歷些什麼掙扎，才會不負責任地去批判。因此，不要再憂慮別人心裏想些什麼，我們較能控制的是自己所想、自己所感和自己如何反應；別人所想、別人所感、別人如何反應和環境因素，根本超越我們的掌控。

控制憂慮

成長和改變都是一個過程，需要你的努力和忍耐。要控制憂慮，切忌操之過急，我建議你採用以下方法來減輕憂慮情緒，請緊記必須勤加練習，才會漸見成效。

1. 對自己説些積極和鼓勵的話

對自己説一些積極和鼓勵的話，減少批評自

己，想一想自己的優點，如「我很平易近人」、「朋友有問題時，他們喜歡找我傾訴」、「我煮得一手好菜」、「我對電腦有一定的認識」等……

2. 多留意自己做得好的地方

若果你過去時常留意自己的錯處，現在要留意自己做得好的地方。開始時，可能感到困難，但請不要放棄，試試從一些小習慣開始吧！當發覺自己有一點點進步時，可以買一些東西、吃一頓大餐來獎勵自己。

3. 訂定行動來克服憂慮

計算一下自己的能力，定下實際目標來克服某些憂慮。如果困擾你的是社交憂慮，你可按着自己的能力，在限定的時間內，完成下列行動：學習溝通技巧；跑進一間沒有顧客或很少顧客的商店，向售貨員查詢貨品問題；在一些社交場合，與一個完全不認識的人傾談等。

4. 尋找同行者

向可以信賴的人傾訴憂慮。將憂慮長期隱藏心底，會蠶食你的心靈；如果把憂慮傾吐，它便失去了捆綁心靈的力量。找一個懂得聆聽你、又願意與你分擔的人，把擔心的事情向他傾訴，你會發現憂慮感慢慢消失。在你學習克服憂慮的過程中，可能會經歷挫敗、失落和喪失自信，不要放棄，要堅持到底；憑着一顆鍥而不捨的心，必能經歷情緒的釋放。

壓力與焦慮

我們身處的社會強調競爭，強調成就取向，無可避免我們每天在學校、工作或人際關係上都要承受某程度的壓力。因此，如果不懂得處理日常生活的壓力，人便很容易憂慮起來。持續的壓力不單會消耗你的精力，更會影響你的身體及精神健康，令你變得容易緊張。所以，有效處理壓力，才能減低個人的憂慮情緒。要有效處理壓力，我認為有以下方法：

1. 為自己的生活訂下優先次序

當你感到壓力迫人，覺得透不過氣，這便是一個信號：提醒你要減少一些活動，學習説「不」，預留一些空間給自己稍作休息；並且要有條理地編排生活，衡量哪些事情比較重要，哪些事情不重要，按事情的重要性訂定行事的優先次序。

2. 作決定時花點時間考慮後果

壓力會影響你的思維及情緒，在壓力下作一些重要決定時，定要格外留神，多作考慮；否則事後可能會感到後悔或內疚，憂慮的情緒繼而產生。在壓力下作決定，宜給自己多些時間思考，亦可尋求朋友的意見和協助。

3. 未雨綢繆

「臨急抱佛腳」是壓力產生的其中一個主要原因。當你預知將要負責一項重大計劃，宜在你最佳狀態時，先做好計劃和準備。

4. 建立支援系統

當我們感到孤單和疏離時，容易在壓力下倒下來，我們需要家人和朋友的支持和鼓勵。學習建立不同的「感情支柱」，不要單單倚靠男朋友或女朋友的支持；否則一旦情海翻波，連最後一根柱都毀壞時，你便呼救無援了。如果你有信仰，切記要積極投入教會生活，與教會朋友建立關係；當你的人生旅途處於幽谷時，便可找教會朋友為你禱告，給予你支持和聽你哭訴。

克服人際憂慮，需要心力、時間和精力，更要敢於冒險嘗試，不怕失敗的精神；畢竟建立關係需要彼此委身，委身又需要經過信任的試煉，付出信任後可能會受傷，但亦可能會獲得一段細水長流的友誼。

個人反思

嘗試為自己所列的憂慮清單，想想有什麼解決方案。

1. 我的憂慮：

解決方案：

2. 我的憂慮：

解決方案：

3. 我的憂慮：

解決方案：

4. 我的憂慮：

解決方案：

接受自己會憂慮，
然後面對它。

8 後記：當我憂慮

當我為會考失敗而憂慮，

為前途方向而迷惘，

祂對我說：「我是你的牧者，你必不至缺乏。」

當我為帶領團契而憂慮，

我對自己的領導才能感到懷疑，

祂告訴我：「我會磨練你，使你成為領袖。」

當我被領事館三次拒發簽證而憂慮，

心內埋怨，祂透過一位弟兄回應我：

「學習等候，向我禱告，我會為你爭戰。」

當我畢業了，我跪在地上，

心中充滿感恩，眼淚不斷湧出。

祂柔聲對我說：「憂傷痛悔的心，我必不輕看；
流淚撒種的，必歡呼收割！」

當我為明天憂慮，

徘徊於應否轉校到芝加哥；

銀行户口的積蓄已所剩無幾，

那裏的生活費、學費又那麼貴！

清晨，當我張開眼的時候，

祂賜給我一句話：「耶和華所賜的福，使人富足，並不加上憂慮。」

當我漫步於大學校園，

踏足被大雪蓋過的草地，

卻不懂得讚歎造物主的偉大，

那時我正為金錢憂慮；

這個學期即將完結，

仍未籌措足夠金錢應付下學期的支出；

功課壓力日重，如果畢業試失敗了，

怎麼辦？

祂以一首詩歌回應我：

「為何灰心常怨歎？為何黑影彌漫？

為何心靈覺孤單？甚至欲脫塵寰？

耶穌是我的良友，萬福賜我享受，

祂既看顧小麻雀，深知我必蒙眷佑。」

到了如今，有時我也會憂慮，

但祂提醒我：「孩子，想一想過去我與你同在，

與你一同經歷困難的日子；

未來的日子，我也會與你共同面對。」

參考書目

Baumrind, D.（1991）. The influence of parenting style on adolescent competence and substance use. *Journal of Early Adolescence,* 11, 56-95.

Benson, H.（1980）. *The Mind-Body Effect.* New York: Berkley Publishing.

Burns, D.（1980）. *Feeling Good.* New York: Signet Books.

Corey, G.（1996）. *Theory and Practice of Counseling and Psychotherapy*（5th ed.）. Pacific Grove, CA: Brooks/Cole Publishing Co.

劉津編著（2003）:《自我標籤：失敗者的藉口》。台北：讀品文化。

在情緒的錯覺中　走下陰沉的梯角

才得見那片寬闊之地　而成長就在那裏開始

無嫉而愛

作者：沈淑文

嫉妒之心，人皆有之。然而，無人會承認自己正在嫉妒，尤其當你妒忌你情人的家人、你的朋友、你的同事、你的兄姐、你的舊情人。本書探討嫉妒、醋意、比較等情緒，及該如何克服嫉妒。「人很難阻止嫉妒到訪，但可以做的是辨認嫉妒的腳蹤，當嫉妒來臨時，不讓它虛耗精力、損害元氣！」

當我們認真探索這種情況，不難發現，嫉妒的真相是：你需要愛、需要被肯定、需要彌補遺憾。

失戀好痛

作者：馬妙如

曾經失戀的人，心中都有一封寄不出的情書，放在塵封的記憶盒子裏。沒有人敢打開這盒子，因為裏面充滿傷痛和不息的怨憤，更有一顆淌血的心。

本書記載了作者和戀人分開的親身經歷，也記錄了不少失戀者走過這幽暗路徑的心路歷程。作者在書中強調，為了自己，好好的哀哭是需要的。坦然面對內心感受、抒發情緒、接納自己，那是治療傷口必經的過程，或許苦澀，但澀後便能重生。